JN408985

무당벌레
꽃잎에 오르다

무당벌레
꽃잎에 오르다

심 우 정 시집

도서출판 천우

● 序言

짧지 않은 세월 살아오면서 마음속에 웅크리고 남아 있는 생각의 파편들을 담아낼 기회를 가지게 된 것에 먼저 감사드린다.

삭막하고 악착같은 세상에 묻혀 수십 년 살다 보니 감성은 메마를 대로 메말라 거친 자갈밭 같이 변했고, 세상이 다 그러려니 하고 살면서도 어딘가 살아 숨 쉬고 있을 가슴 따뜻한 얘기를 늘 그리워하며 살아왔다.

젊은 시절, 지쳐가는 일상 속에서 가끔 마음의 위로를 받고 싶을 때 가슴 시원한 글편들을 찾아 읽고 다시 생기를 얻던 옛 기억이 아련하다.

마음속 저편에 늘 자리 잡고 있었던, 꿈꾸고 즐거워하며 아파하고 괴로워했던, 내 인생의 흔적들을 공감해 주고 따뜻이 보듬어 주는 것은 결국 자기 자신밖에 없다는 씁쓸하고 허망한 생각을 나이 먹어가며 하게 된다.

늦은 나이에 우연히 끄적여 본 글 몇 점을 곰곰이 읽다 보니 내 마음속 저 한참 밑바닥에 따스한 지하수 맥 하나가 실핏줄처럼 남아 아직 꿈틀거린다는 걸 알고 반가웠다. 미흡한 작업이지만 거칠어진 마음에 나름 카타르시스를 주는 것에 감사하고 있다. 쓸 수 있는 그 날까지 메마른 내 영혼에 촉촉한 가랑비가 되도록 써보고 싶다. 졸작을 위해 고생하신 분들께 감사드리면서.

2021년 봄

심우정

제1부

봄 꿈

●序言

제2부

여름살이

제3부

낙엽 떨어져

제4부

늙어가자니

제5부

바람 따라서

제1부

봄 꿈

목련꽃 그늘 아래서

곱디고운 그 님
푸릇한 열일곱, 목련이 필 때
내 마음 빼앗아 갔지

세월이 흘러 반백 년
목련은 올 해도 피었건만

윤기 나던 꽃송이는 흐릿하고
단단하던 줄기는 후줄근하다

목련이 피면
내 꿈도 다시 피려나 했건만
목련은 예전의 그것이 아니더라

고왔던 그 님
아프지나 않고 사는지
목련꽃 그늘 아래서
내내 한숨만 쉬다 왔노라.

早春

동장군 힘 못 쓰고
햇살 따사롭다
산기슭 殘雪잔설 녹은 자리
뾰족이 올라오는 노란 복수초

한 세월 또 문을 여는구나
아까운 세월은
또랑물처럼 흘러만 가는데
사람들 봄 왔다 喜色희색이다

햇빛 각도 가팔라지고
사람들 눈빛 편안해진다
大地대지의 감촉 촉촉하고
바람결 부드럽다

힘든 시련 이겨내고
새 출발 하는 대지
먼 산이 포근히 안겨 온다.

꽃은 어디로 가는가

화려한 계절은 짧다
아름다운 청춘도
길지 않다
세월이 그렇게 호락호락
놓아두지 않는다

새까만 머리털,
진한 눈썹, 붉은 입술
好時節호시절은 까마득한 옛꿈 한 토막처럼
가물가물하다

그 시절 연기처럼 날아갔지만
그 세월 꽃씨 되어
자식이 자식을 낳고
그 자식이 또 자식을 낳겠지

열병으로 앓았던 청춘의 고통
그립기만 하고
산산이 깨어진 욕망의 녹슨 쓰레기들마저
머리에 선하다

꽃은 열병의 근원
빨리 시들어 줘야 한다
그것이 가야 할 길이다.

春心 考

봄 오면
마음 설레고 따스해졌지
겨우내 움츠렸던 세상
다 포근히 열렸지

내 님은 어떻게 생겼을까
어디쯤 살고 있을까
괜히 저 먼 산 너머 동네
아련히 그리워졌지

아지랑이 들판에 어른거리면
面면 소재지 점방이라도 둘러봐야
일 손에 잡혔지

이젠,
봄이 와도 그만 가도 그만
겨울이 가나보다
나이 한 살 제대로 더 먹나 보다.

南道남도의 이른 봄

늦추위가
떠나기 싫어 어슬렁거릴 때
무작정 남도로 간다

쌉싸름한 冷氣냉기 속에
훈기 촉촉이 올라오고
들판 파릇한 풀뿌리들
새 생명 밀어내기 바쁘다

혹독한 추위도 어쩌지 못하는
따스한 봄기운 스멀스멀 올라오고
겨울을 이긴 파란 보리순
생명을 노래한다

논에 낸 두엄 더미
햇볕 속에 모락모락 김 올린다
해묵은 고통 썩어 문드러져
바람결에 날려가듯이

어떤 눈덩이 짓눌러도
겨울보리 죽지 않는다
아무리 추위 혹독해도
南道남도의 봄 죽지 않듯이.

나무

어찌 말 한마디 없이
천 년을 산단 말인가
그 징하도록 무거운 침묵
온갖 영욕 다 보면서 살아내니
부처보다 부처다워라

거친 피부 속 영롱한 엑기스
천금 같은 진실을 침묵으로 말해주는 너
시늉만으로 살아가는 어설픈 중생들
가여워하면서

혹독한 추위 이겨내고 내미는
연초록 손,
힘든 고통 참아내고 밀어내는
사리 같은 꽃

나무숲에 비가 내린다
옹골지게 주름진 피부 골을 타고
마치 눈물인 양 흘러 내린다
소리 없이 흐느낀다
흘러간 세월이 야속타는 듯이.

南道남도에 봄꽃 피면

남도에 봄꽃 보면
서러움 먼저 올라온다
저 꽃들 무엇 위해 저리 화사할까

한숨을 묻고 조용히 사라져 간 그네들 환상인가
한적한 산골도로 하얀 벚꽃 터널
소복 입고 머리 조아린 여인들 같다

아직 싱싱한 꽃잎들
세찬 바람에 우수수 떨어져 힘없이 날린다
이렇게 좋은 시절 허망하게 가야 하다니

南道남도에 봄꽃 시들면 눈물 난다
이 서글픈 봄 속절없이 스러져 가고
언제 그랬냐는 듯 짙푸른 녹음이
뻔뻔히도 얼굴을 드러낼 테니.

노란 복수초

숨죽이며 추위와 싸운
땅속의 생명
따스한 햇살 두드리는 소리에
고개 내민다

고난의 계절 무너져가는 초봄
숨 막히던 어둠 차버리고
답답한 숨 시원하게 내뱉으며
머리 치켜올린다

언제까지 이렇게 짓눌리고
살아야 하나
억울한 마음 겨우 달래며
지나가는 봄비에
얼굴 닦고 웃어 본다.

봄비 오는 날에

산중에 봄꽃
피기 시작하는데
봄비 내린다
님 떠나던 그때 그 봄처럼

봄꽃 뿌연 안개 속에
꿈 같이 피어나는데
봄비 그 위에 내려 적신다

영롱한 분홍 꽃잎에
뜨거운 눈물로 고여
꽃줄기 타고 흘러내린다
그때 그 님 얼굴처럼

긴 세월 속에
흐릿한 그리움만 남아
봄 안개 속 분홍 꽃잎 너머로
님 얼굴 곱게 여울진다.

春夢

노곤한 봄밤에
잠은 안 오고
좋았던 시절 그려 본다

아이들 어리고
각시 꽃 같은 새 각시 때
희망은 부풀고
팔다리는 쩡쩡해
무서울 것 한 개도 없었지
사랑도 미움도 컸었지

어느덧 몸에 낙엽 지고 서리 내리니
소금물 끼얹은 배추마냥 만사 시들하다
사랑도 미움도 가늘어지고
걱정만 굵어간다

아, 그 호시절 십 년만 다시 왔으면
헛된 봄꿈이겠지.

봄바람은 열일곱 살 가시내

봄바람은 요술쟁이 가시내,
따스한 훈풍 몰고 다니며
남의 마음 이리저리 흔들어댄다

봄바람은 열일곱 살 가시내,
물이 촉촉이 올라
이리 봐도 저리 봐도 어여쁘다

봄바람은 바람둥이 가시내,
이 사람에게 씽긋 저 남자에게 쌩긋
남의 마음 한껏 설레게 꼬리치고
모른 척 달아나는 얄미운 가시내다

봄바람은 속마음 모를 철부지 가시내,
이 동네 저 마을 선머슴마냥 쏘다니다
예쁘게 화장하고 차분히 얌전빼는 깜찍한 가시내다.

春雪

사월 중순
매화 벚꽃 방창한데
하얀 눈꽃이라

지난겨울 미련이 남았나
白雪백설이 가던 길 돌아
다시 왔다

올케 시샘하는 시누이마냥
앙탈 부리러 다시 왔나
시누이 앙칼진 꽃샘추위에
꽃들 움츠려 발발 떤다

다시 햇살 비추고
꽃대에 쌓인 눈 녹아내린다
속 쓰린 올케의 눈물처럼
소리 없이 흘러내린다.

오월 예찬

사월 꽃들은 가고
연초록 새 순 향연이다
여기저기 초록 향기
천지에 가득하다

꽃 지고
이제 차분히 生생을 讚美찬미하려 한다
따스한 햇살에 살랑바람 불어오고
비도 적당히 내려 준다

오월이 없었다면
너와 나의 일 년은 너무 허망했으리

아직 生생의 아픔 모르지만
그렇다고 유치하지도 않은
앳되고 풋풋한 스무 살 시절.

사월 피레네* 연초록

사월 피레네
햇살 영롱하고
바람결 순하다

산꼭대기 흰 눈덩이들
여기저기 아직 겨울인데
아랫동네 연초록 세상이다
樹海수해를 헤치며 내려가는 길이
가도 가도 끝이 없다

저기 지중해 쪽으로 가자
고흐를 미치게 한
南佛남불의 태양이 뜨겁게 타오르던
거기

앉은뱅이 포도나무들
끝없는 바다를 이루고
북동 쪽 알프스에서
미친 듯이 불어오는 미스트랄*이
사정없이 얼굴을 할퀴어대는
그곳으로,

뜨거운 태양 아래 눈부시게 타오르는
연초록 사랑을 찾아서.

* 프랑스와 스페인 국경을 이루는 산맥.
* 남부 프랑스 Rhone강을 따라 지중해 쪽으로 불어오는 강한 바람.

봄에 쓰는 편지

나 홀로
무작정 떠나와
저 먼 남쪽 항구 옆
외딴 시골 마을에 여장을 풀고
편지를 씁니다

그 춥던 시절 그렇게도 그립던 당신,
새 봄 되니 더 보고파 집니다
세월은 앞다퉈 흘러
자꾸 변해가는 몰골이 이제 일상이 되었습니다

또 조금 있으면 꽃들 시들고
똑같은 순서로 계절이 바뀌겠지요
그러면 또 기다려지는 봄, 그대

나
조용히 시골집 창문 열고
무참히 떨어져 쌓인 붉은 동백을 봅니다
그대가 그렇게 좋아했던 붉은 동백의 처량한 모습을.

봄을 가꾸는 당신에게

봄 왔다고
예쁜 화단에
꽃씨 뿌리시나요

해마다
소망 안고 소중히 뿌린 꽃씨
다 어디로 갔나요

금년에도
행여 하는 마음에
정성들여 이것저것 뿌리시나요
아네모네, 가자니아, 데이지
메리골드

내년 봄 이맘때
꽃들 예쁘게 피면
우리, 어린애들처럼 턱 고이고 앉아
허망한 봄 실컷 바라보자구요.

스물다섯 靑春청춘의 봄

지금 돌아보면
여리디여린 스물다섯,
春三月춘삼월

나라의 부름 받아
젊음 욱여넣은 채
저 남쪽으로 내려갔지

몽둥이 난무하던 진해 훈련소
왜 그리 춥고 배고프고
서글프던지

쓰라린 가슴 달래며
깡으로 버텼지, 넉 달
오로지 자포자기 심정으로

그해 진해 벚꽃은
왜 또 그렇게 잔인하게 피었던지,
너무나도 새하얀 純白순백으로

내 꽃답던 스물다섯 봄은
그렇게 나를 海兵해병으로 붙들었네.

不似春불사춘

봄은 왔다건만
날씨 사나웁고
꽃은 눈에 들어오지 않네

외로운 그림자
까맣게 드리우고
얄궂은 봄비 속에
심란함만 더한다

정신없이 불어대는
봄바람에 흰 머리털 산발이고
마음도 따라 곤곤하다

하룻밤 자고 나니
느닷없는 진눈개비
나뭇가지 허옇다

계절도 昏迷혼미하여
제 갈 길 놓치고
봄이 봄 같지 않으니
心身심신만 노곤하다.

백목련

이 세상 누군가를
그저 무한정
사랑하고 싶습니다

어느 누구
눈길 하나 안 주어도
한 사람 죽도록
사랑하고 싶습니다

이제라도
심장 더운 피 식기 전에
정말 뜨겁게
사랑하고 싶습니다

되돌아올 수 없는 세월
더 늦기 전에 한 사람 눈물겹도록
사랑하다 홀연히 가고 싶습니다

그 純白순백의 사랑
바람 부는 천 길 절벽 위에
홀로
서럽다 해도.

채화

가슴 속
한으로 맺힌 사랑
어디 말도 못 하고
진홍 핏빛으로 물들었나

그 사랑
시작도 못 하고
이 生생 마감하여야 하나 보다

저기 아득한 절벽 아래
산산조각으로 부수고픈 하얀 꿈

해마다 사월이면
더욱 붉어져
그 슬픈 그리움만.

벚꽃

하얀 꽃무더기 구름 속으로
몽실몽실 피어오르는 꿈

아직 찬바람에 흔들려도
뜨거운 그 님의 약속
나는 못 잊어

그대 따스한 미소라면
세상 어디라도 따라나서리

아, 꿈같은 하얀 그 사랑
차가운 봄바람에 날아갈까 두려워.

제2부

여름살이

여름 포플러

포플러 나무들 사이로 바람이 분다
답답한 것들 다 날리고
싱긋한 향 실은 희푸른 잎사귀들
쏴쏴 춤을 춘다

시원하게 뻗은 몸 굳건히 뿌리 내리고
먼 저 산 너머를 무심히 바라본다
아픔은 다 내려놓았다는 듯이
언제나 깨끗한 얼굴이다

온갖 새들 와서 쉬라고 몸을 내맡긴다
욕심은 진작 벗어던졌고
크게 바라는 것 없다는 듯 무덤덤하다

저만치 흘러가는 강물과 눈을 맞추며
지나온 아픔 다 잊어버리고
그저 묵묵히 살다 보면
괜찮은 날 오지 않겠냐고 속삭인다

후다닥 지나가는 소나기에
마른 몸 적시고 다시 힘을 찾는다
금방 뙤약볕 나오면
반짝이는 얼굴로 확 트인 벌판 바라보면서
살날들을 생각해본다.

고향 여름

못다 한 그리움이
아른아른 올라오고
어릴 적 꿈이 영글던
저 언덕 너머

한여름 뙤약볕에 길바닥이 벌겋다
시원한 산바람 희푸른 포플러 잎새기 흔들면
오두막 그늘에
우리 아버지 졸음이 쏟아진다

옆집 누렁이 더위에 지쳐
마루 아래 숨죽이고
온 동네는 숨 막혀 쥐죽은 듯하다

시원한 소나기 한 둘금
뿌려주면 좋으련만
언뜻 분 바람에 신작로 황토 먼지 회오리치고
한참 목 올라 온 벼 물결친다

멀리 밭 매고 돌아가는
동네 할머니 발걸음 무겁기만 하다
그리운 산천,
삶은 어디나 애달파라.

연꽃

세상의 온갖 번뇌
녹여 피워낸
영혼 같은 꽃

코끼리 귀마냥 피어나는
잎사귀 사이로
스며나는 潛香잠향

원수도 사랑하려는
다 버린 자의 눈빛 같은 너

저 멀리 연못 건너
불어오는 微風미풍에
흔들거리며 미소짓는
관세음보살들

더러운 진흙탕 속에서도
至高至純지고지순한 몸과 마음을 오롯이 키워내,
그립고 그리운 淸靜청정을
그대는 늘 머리에 이고 웃고 산다.

배롱나무

어느 선비의 영혼인가
붉은 넋으로
석 달 열흘

님을 향한 끝없는 정열
못 다 피운 사랑
피로 뿌렸나

아무도 모르는 고독
마지막 남은 몸속 피 한 방울까지 흩뿌려

그 무더위를 이고
말없이 토해내는
붉은 마음이여.

꽃의 죽음

꽃이 진다
인정머리 없는 시간 앞에
그 아름다움 떨군다
힘든 고통 몸속으로 삭이며
환하게 웃으며 왔던 너였는데

한 송이 피워 내기 위해
일 년을 숨죽여 왔는데
그 보람 너무 쉽게 무너져 내리고
너의 서글픈 哀悼애도만 남는다

허망하게 스스로 목을 꺾는다
그 찬란하던 기쁨도
숨 막히던 아름다움도
다 옛날로 던져버리고
너는 웃는 낯으로 말없이 간다.

들풀처럼

한겨울 얼어붙은
황량한 길섶
온통 회색빛이다

삼월 훈풍 불어오면
언제 그랬냐는 듯
어린 손 내밀고
오뉴월 뜨거운 햇살에
풀밭은 금방 무성하다

소낙비 몰아치면
몸을 눕히고
억센 폭풍우는
숙명으로 맞는다

돌봐 주지 않아도
거들어 주지 않아도
자기대로 오롯이 살아낸다
햇빛만 비친다면
숨만 쉴 수 있다면.

꽃에게 길을 묻다

때 되면 알아서 피우고
벌 나비 불러 모아
향긋한 먹이 나눠주는 그 길

슬퍼도 다시 털고 힘내
색색으로 영롱하게 피워내는
꿈같은 그 길

어쩔 수 없는 삶의 고통
조용히 감싸 안고
더 힘든 누구를 위해
아름답게 피워내는 그 길

험한 세상 아귀다툼 속에서도
차마 던져버리지 못한 꿈
바람에 할퀴고 자갈밭 지나
시궁창에 처박혀 헐떡거려도
다시 그리워지는 그 길.

파도

가슴 답답하고 숨 막히면
동해 바다로 달려가 백사장에서
미친 듯이 파티를 열어라
마음에 맞는 친구 서넛하고
안줏거리 대충과 소주 한 박스면
그만일 거다

술 거나해지면 친구들과
백사장에서 맘껏 뒹굴고 목 터져라
유행가를 불러다오
그러면, 파도가 반가이 맞아 놀아 줄 거고
노랫소리에 박자를 맞춰줄 거다
밤새 백사장에서 뒹굴고 나면
다음 날 예전과 다른 사람이 되어 있을 거다

파도가 머릿속을 깨끗이 세탁한 까닭이다
파도는 타고난 소리 치료사다
特有특유의 박자로 밀려왔다 거둬가는 소리가
바로 그 妙藥묘약인 거다.

어느 시인의 노래

누렇게 노을 져가는 허망한 황혼의 넋두리 타령
이제 먼 옛날처럼 희미해져버린 젊은 날의 悔恨歌회한가
가슴 따뜻한 세상 애타게 그리워하는 情誼歌정의가
어쩌다 가끔씩은, 봄 연초록 새 순같이 여린 풋사랑의 연가戀歌

한적한 산골 밭고랑에 앉아
흥얼거리는 늙은 할매의
엇박자 콧노래처럼 흘러나갑니다

들어주는 사람 없는
무반주의 발가벗은 노래처럼
객쩍게 울려 나갑니다

혼자 씁스레
썩은 미소 지어줄
텁텁한 어떤 이를 그리면서.

백일홍

따뜻한 봄날 다 보내고
한여름 무더위 속에
이제사 찾아왔나

점잖은 몸매에
청초한 아름다움
선비 집안 요조숙녀로다

멀리 떠난 님
남몰래 사모하다
병이 되어버린 그리움

석 달 열흘 지나면 떠나가는데
그리운 님 안 오시면 어쩌나
무더위 속에 목이 빠져라 기다리네.

산골 안개

다 감추고 싶었나
세상살이 괴로운 것들 추한 것들
감춘다고 감추어지나
햇살 비추면 다 드러날 걸

다 감추고 싶다, 가끔씩은
세상 모든 것 안개 속에 덮이면
그저 꿈속 같이 편안하다
모든 게 잊혀진다

사리분별 떨쳐버리면
괴로움 다 없어진다더니

산골 안개 뿌옇다
속 아예 편안하다
이게 그 뜻이었나.

바위섬

한 사내의 서글픈 외마디 소리
파도 속에 묻혀 휩쓸리고
아낙네의 짐승 같은 울부짖음
바람 속에 흩날려 산속에 묻히더이다

산꼭대기에는 찢겨진
하얀 깃발만 나부끼고
모래사장 저편 바위틈 철쭉은
흐드러지게 피어 있는데
갈매기 떼 흔적 없고, 바다는 적막하기 그지없더이다

한참 있으려니
바다 저 멀리 시커먼 먹구름 섬을 들어 삼킬 듯
밀려오더니만, 이윽고 굵은 장대비 섬을 샅샅이 훑고 가더이다
섬은 일순 칠흑같이 어두워지고 구슬만한 빗방울 떨어지는 소리가
총소리처럼 요란하더이다
비 그치고 하늘은 개었건만 섬은 쥐죽은 듯 고요하고, 해변에는
낯선 시신 몇 구만 파도에 밀리고 있더이다

그 사내와 아낙은 산 중턱 바위에 걸터앉아
넋이 반쯤 나가, 건너 푸른 오월 바다를 멍하니 바라보며
하염없이 눈물만 흘리더이다
바위틈 철쭉은 붉은 피 쏟은 것처럼 피어 있고
그네들은 세상 영문도 모른 채 제대로 울지도 못하고
맥없이 눈물만 흘리더이다, 하염없이 피눈물만 흘리더이다.

母女모녀와 해바라기

세상
이런 인연도
좋다

늙어 같이 홀로된 엄마와 딸
시골 텃밭 정원 동업자로 한 집에 산다
도란도란 주고받는
웃음 반 얘기 반
잔잔한 사랑으로 그저 무심하게

둘 사이 무덤덤하지만
병든 몸 서로 달래주며
오늘도 텃밭으로 출근한다

세상
이런 인연도
보기 좋다

홀로된 어미와 자식
늙어
같이 아파하며
서로 간호하는

꼼지락꼼지락
아픈 몸 달래가며
오늘도, 모녀는 해바라기를 심는다
기도하는 마음으로.

능소화

주황 저고리에
녹색 치마 받쳐 입고
먼 산만 바라보네

떠나가신 님 소식 없어
청춘은 시들고
독한 마음 먹어 보지만
그리움에 도리 없어

담장 너머 曳履聲예리성에
귀 기울여 보지만
다시 멀어지는 그 소리

다 포기하고 싶지만
다시 그리워지는 이 마음

바람에 실어 보낼까
구름에 띄워 보낼까
눈을 감을까나,
아예 숨을 멎을까나.

여름 끝 무렵

풍성하던 몸 여위어 가고
끓어오르던 정열도 식어간다
여기저기 할퀴고 찢긴 자리 곪아간다
그것은 어쩔 수 없는 삶의 흔적

태양은 아직 뜨거운데
여기서 멈춰야 하다니 미련만 가득하다
다 불사르지 못한 가슴 속 열기 식히며
애써 달래본다

여기서 접어야 하나 보다
이쯤에서 내려놓아야 하나 보다
아쉬운 이쯤에서

뜨겁기만 했던 青春청춘이 간다
그렇게, 아쉬운 여름이 간다.

이런 작은 것들이

그런 것 때문에
사나 보다

이런 순간을 위하여
살아가나 보다

그런 작은 기쁨이
숨 쉬게 하나 보다

이 작은 사랑이
미소 짓게 하나 보다

그 짧은 한마디가
인간이게 하나 보다

이 아무렇지도 않은 일상이
세상 움직이게 하나 보다.

친구가 그리운 날엔

친구가 그리운 날엔
먼 하늘을 올려다본다
저 하늘 가 누군지 모를,
왠지 먹먹한 가슴 달래줄 것만 같은
눈 선한 이를 그린다

친구가 그리운 날엔
동네 건너편 넓은 공원에 푸르게 서서
언제나 따뜻이 미소 짓는
뽀얗고 키 큰 포플러 나무가 더 반가워
몇 번이고 다시 바라본다

친구가 그리워지는 날엔
차를 몰고 가까운 산골 어딘가로 간다
그 한적한 산골 언저리에 차를 대고
푸른 산 시원한 능선으로
마른 눈을 한참 씻어내고 온다

그래도 친구가 자꾸 그리워지는 날엔
동네 골목 이리저리 쓸데없이 거닐다가
마주친 한갓진 슈퍼에서
소주 한 병 사 들고 집으로 간다.

늦여름 雨汀 우정

여름의 끝을 몰아내고
새로운 계절을 잉태시키려
비가 내린다

연잎에 빗방울 몇 개 뒹굴다
연못으로 곤두박질한다
긴 햇볕에 지친 연꽃
촉촉이 물방울 머금고
오랜만에 엷은 미소를 짓는다

잠자리 떼 비를 피해
백일홍 사이로 숨어들고
감나무 잎 더위에 지쳐
허위허위 숨차는데
능소화 푸른 줄기 비에 젖어
청승맞게 새파랗다

연못가 물비린내
바람결에 묻어오고
저 멀리 가을이 오고 있다.

호박꽃 사랑

한여름 불볕에도
금방 쓰러질 것 같은
우리 어매 텃밭 나가신다
어느 자식 주려고
그리 부지런 떠시는지

둘째 놈 생각하면 짠하고
막내 놈 더 그렇고
큰 딸년 정말 딱하고
첫째 놈 그저 그렇고

늙은 호박 큰 거 한 개 막내 주고
또 큰 거 한 개 큰딸 줄 거란다
죽기 전 하나라도 더 자식 입에
넣어 주고 싶어
오늘도 우리 어매 뙤약볕에
텃밭 나가신다.

여름 지리산 산내면

여름 지리산 산내면에 가면
밤에는 별이 금방 쏟아져 내리고
낮에는 온통 초록빛 세상이다

공기는 달고, 시냇물은 차가워서
뼛속까지 시리다
민박집 수더분한 주인아주머니 닭볶음탕은
천하일품이고, 푸짐한 밑반찬은 덤이다

머릿속 복잡하고
세상살이 시들해지면
한여름 지리산 산내면에 가 볼 일이다
가서 한 사흘 살다 보면,
그래도 왜 살아야 하는지를,
사는 게 다 그저 그렇다는 걸,
저절로 알게 된다

인생살이 너무 재미없다 싶으면
모든 것 내팽개치고
여름 지리산 산내면으로 한번 가 볼 일이다.

제3부

낙엽 떨어져

금잔디 무덤가에

벌써 세월이
그리 갔나

엎디어 자세히 보니
잔디 뿌리 손가락만 하다

여릿하던 나무들 너무 어른스레 서 있고
무덤은 늙어빠져 전설이 되어가네

엎드려 고개 숙이니
옛 모습 가물가물 흐릿하다

인간은 역시 약한 존재
그 세월이 뭐라고 자꾸만
흐려져 간다.

가을

가을은
여름의 슬픈 殘骸잔해를
밟으며 온다

가을은
사람들 조용히
마음 내려놓게 해놓고
슬며시 온다

가을은
소슬바람에 묻혀
쓸쓸히 간다,
병든 사람 들것에 실려
휑하니 가듯이

가을은
긴 한숨 남기고 간다
초라한 노인의
쓸쓸한 뒷모습처럼.

사그락거리는 갈대처럼

소리 없이
계절은 가고
늘 쓸쓸한 가슴만 남는다

아련히 새겨진
그 님과의 옛사랑
내 가슴에 아직 숨 쉬고 있어

사그락거리는 강변 갈대숲
숨어 우는 작은 새처럼
내 마음 서러워 흐느끼네

힘든 세월 속에
이것저것 정붙이고 살아 보지만
아스라한 옛 추억 떨칠 길 없어

저 강변 흔들리는 갈대처럼
사그락거리며 산다.

가을 자작나무 숲

하얀 천사들 깊은 생각에 잠겨 있다
세상때 묻지 않은 純白순백의 영혼들
내뱉는 숨마저 신선하니 티끌 하나 없다

온 세상 다 누렇게 변해도
새하얀 마음 버리지 못해
까만 눈으로 푸른 창공을 애타게 우러른다

세상 근심일랑 아예 모른다는 듯 천진한 몸짓
묵은 마음 오가는 바람결에 쉼 없이 씻어내고
힘든 세월의 찌꺼기는 껍질로 뱉어낸다

그래도 그리운 건 어쩔 수 없어
빈 가슴 채워줄 따뜻한 사랑이
외로움 덜어줄 눈 맑은 친구가.

세월의 강

흘러간다
말없이
청춘도 원망도 그리움도

저 강물 속에 섞이어
잡을 수 없다

잡으려 강물 따라
쫓아 가 보지만
어디로 갔는지 보이지 않는다
금세 뿌연 물속으로
사라져 버린다

어느새 강물은 大河대하를 이루고
이내 바다에 당도하여
흔적도 없다

흘러간다
쏜살같이
꿈도 사랑도 아쉬움도

저 강물과 한통속 되어
눈 깜짝할 새 흘러간다.

길 옆 작은 노란 꽃 하나

대체 너는
무슨 넋으로 사나

어쩌다
지나다 보아주는 사람들
눈빛 먹고 사나

휙 지나가는
바람결 쓰다듬는
그 손길 바라고 사나

어쩌다 운수 좋은 날
날아온 나비 포근한 입술 못 잊어

까만 밤—
서쪽 하늘 별무리를 보며
슬피 목 메인다.

가을 아침 햇살 鋪道포도에 내리고

가을이 살포시 내려앉았다
아침 햇살 포근하게
비스듬히 포도에 걸쳐 있다

다소곳이 물든 가로수 단풍나무
빛바랜 녹색 붉은색
까만 머리에 살짝 서리 내려앉은
初老초로 같다

길가 나무들 숨죽이고
나지막이 숨 들이쉰다
길가에 힘없이 서서 숨 고르는
노인처럼

차들은 아무 일 없다는 듯
무심히 다니고
포도에는 잔잔하게
가을 햇살이 내려앉아
넋 놓고 쉬고 있다.

하염없는 짝사랑

세상천지 개벽해서
천지 뒤집어져도
깨지지 않을 것 있소

끊으려 끊으려 해도
끊어지지 않는 쇠밧줄보다
질긴 것 있소

세월 가면 변하지 않는 것
세상에 없다는데
변치 않는 것 딱 하나 있소

눈에 흙 들어가야
끝나는 짝사랑
하염없이 아래로 아래로 흐르는
거룩한 江강

흘러 흘러 이 세상
끝나는 날까지
흘러갈 것이외다.

늦가을 郊外교외

빈 논엔 찬바람 소리
마른 냇가엔 황새 한 마리
밭에는 듬성듬성 빛바랜 채소 몇 점

하늘은 잿빛
바람결은 칼칼하고
인적도 없다

모든 것이 말라붙었다
들판, 나무, 산, 하늘, 도시, 인간의 마음
비라도 좀 뿌려줬으면

강 건너 저쪽 언덕으로
기차가 지나간다
달리는 기차 바퀴 소리마저 말라붙었다

心亂심난한 계절은
그 深淵심연 속으로
자꾸만 빠져든다.

상쾌한 고독

혼자서 조용히
초가을 산길을 오른다

공기는 상큼하고
햇살은 따스하다

숲속 산새들 심심찮게 울어주고
가을 나무 향 은은하다

산 중턱 그늘진 넓적바위에
가만히 앉는다

앞으로 확 트인 樹海수해
온몸에 안겨 오고
시원한 바람 불어준다

넓적바위를 기어오르는
개미 말고는 아무것도 없다

이런 고독이라면
한 사흘도 좋겠다.

석류

촌집 늦가을 뒤안
그늘진 햇살 속에
울 할머니 손때 묻은
석류나무 하나

쩍쩍 갈라진 틈새로
빨간 유리구슬 금방 쏟아지네

누가 먼저 따갈까
쳐다만 보고
신 침만 삼킨다네
아무도 손 못 대고.

홍시

홍시를 보면

젊어서 그렇게 차갑고 앙칼졌다는

옛날 어릴 적 시골 옆집 순이 엄마가 생각난다

젊은 시절, 떫기만 하고 목에 얹힐 것 같은

시퍼런 땡감 같던 그녀가 나이 먹더니만,

잘 익은 홍시 같은 보드라운 할매가 되더란다

말랑말랑 불그스레 달디단

홍시 같은.

쓸쓸함에 대하여

익숙하던
옷 버리려 하면
묘한 서운함이 있다

오래 키우던 강아지
떠나보내려면
애처롭다

수십 년 지기 친구
저세상으로 가면
서글퍼진다

부모님 세상 떠나면
황당하고 서러워진다

평생 같이 살던
짝과 이별하면
쓸쓸해진다

세상 제일
친숙한 것과의 이별,
그 뒤에 남는 것.

의미 없이 피는 꽃은 없다

먼지 뽀얀 신작로
또랑물 가에
늘어선 하얀 망초꽃

돌담 아래
잡초 사이
노란 민들레

동네 쓰레기장 옆
돌무더기 속
외로운 제비꽃

사당동 뒷골목
분홍 유리창 뒤
수줍게 핀 無名花무명화

험한 세상
그럭저럭들 살아가라고
조물주 다 빚어 놓았으니.

익어가는 가을

누렇게 익어가는 가을
저 두메산골 이름 없이 사는
늙은 부부가 보고 싶다

손발은 때 찌들어 까맣고
얼굴은 멍석 바닥처럼 주름진
늙은 부부가 보고 싶다

오늘도 종종걸음하고
호롱불 밥상에 호박 된장찌개 올려놓고
마주 보며 히죽 웃는, 저 산골
늙은 부부가 보고 싶다

떠나간 자식들 소식 없어도
구부정한 허리로 뒤뚱거리며
농사일 다 챙기는 소탈한
늙은 부부가 보고 싶다

서로 아껴가며 자식들 키워내고
이제 폭삭 늙은, 두메산골 저 늙은 부부처럼
이 가을에 푸욱 익어가고 싶다.

채송화 가족

어찌 그리
아담하냐
색색이 앙증맞게

할머니 꼼지락꼼지락
돌봐주는 손길에
귀여운 아이들마냥

부모 사랑 못 받아 봤어도
크게 서럽지 않아
할머니 애달픈 손길에
이리저리 사랑 때 묻었으니

걱정 마라,
올망졸망 의지하며
웃음꽃 피우며 산다
우리 분수대로.

침묵

나무처럼 소리 없이 묵묵히 살고 싶다

거북이처럼 소리 없이 느리게 살고 싶다

잔잔한 호수처럼 소리 없이 고요히 살고 싶다

어릴 때 고향마을 사람들처럼 소리 없이 다정하게 살고 싶다

말없이

눈빛으로

손짓만으로

갓난아이처럼 살고 싶다

어지러운 세상

네가 그립다.

부끄러움

부끄러운 세상이다

부끄러워할 줄 모르니 부끄러운 세상이다

부끄러워하는 인간이 되려

바보 되는 부끄러운 세상이다

뻔뻔한 걸 자랑으로 은근히 부추기는 세상이니

부끄러운 세상이다

짐승과 다른 것이 부끄러움 아는 것이라는데

부끄러움 모르고 거꾸로 큰소리치는 세상이니

정말 부끄러운 세상이다.

늙은 부부

서로 쳐다보고
편하게 잔잔히 웃을 수 있는
오십여 년 같이 살아도
아직 지겹지 않은

저 들판에 아무렇게나 핀 듯한
보라색 자운영꽃처럼, 그렇게 피어
결코 아무렇게나 살지 않은

슬픈 일 굳이 좇아가며 애끓지 않고
언뜻언뜻 애써 잊어가며
괴로운 듯 편한 듯 어리숙한 듯
고랑진 주름얼굴에
서로 잘 참아주는

아직 힘닿는 대로 일하고
아픈 몸 서로 챙겨주며
애잔하게 웃어주는 그런.

쓸데없이

쓸데없다
하릴없는
하루하루 일상

태양이 뜨니 아침이고
시곗바늘로 세월을 본다

이래도 되는 건가
뒤돌아봐도
거슬릴 것 없어
쓸데없더라

어디 쓸데 있게
해보려 애써봐도
별로 쓸데없으니

그 쓸 데없는 일
안타까워하는 것도
쓸데없어라.

제4부

늙어가자니

노인 되기

노인 되기 천하 쉽네
화살 같은 세월 잡을 장사 없고
지구 세워 놓을 재간 없으니

후배에게 치인 건 옛날이고
자식한테 치이고
각시한테 치이고
요즘은 뭐든 치이는 인생이다

아직 어떤 놈한테도
질 수 없다고 눈 부릅뜨고
어깨 힘줘 봐도
스스로 한심해져
빈 웃음만 나온다

누구한테든 다 져주자
세상 시키는 대로 하자,
맘 고쳐먹고
오늘도 조용히 숨 고른다.

늙어가는 친구에게

친구야,
꿈같던 어린 시절이
엊그제 같네만
어느새 칠순이구려

하나둘 고장 나는 육신
감성은 메말라
겉보리밥 씹는 것 같고
어제 같은 오늘이고
또 오늘 같은 내일 아닌가

찔레순같이 여리던 꿈은
어느 골짜기 아래 잠자고
몸 떨리게 찾아 헤매던 사랑은
언제 적 얘기인지 모르겠네

과거사 일일랑 저 강물에 던져버리고
세월 따라 곰삭게 늙어가세
저 산 나무들과, 수만 년 끊임없이
빛나는 별들과, 오가는 비바람과
교감하면서.

늙은 母子모자

자식에로 향하는 그 마음
온몸으로 느끼는 그 사랑

자식도 이제 七旬칠순
제 몸도 장담 못 하는 처지
조금 남은 사랑
그 자식에게 주는데

내리사랑 順理순리라지만
어미는 그러려니 하면서도
자식이 서운타

어미는 그러면서도 또 자식 앉혀 놓고
오늘도 주문을 외운다
차 조심해라,
오래오래 살아라.

단양이라 어상천

소백산 높이 솟아 구름을 희롱하고
태백에서 불어온 바람
숨 돌리며 서해로 넘어간다

할머니 아부지 누워 계신 곳
타향에서 많이 힘들어 하시네
옆에 있는 밤나무야
두 양반 심심해하시거든
대꾸 좀 해 드려라

자식들 낳고 키워봐야 헛일이더라
장성하면 제풀에 큰 양 데불거리고
아프기라도 하면 자기네
살 궁리로 쿰쿰해 하고

밤나무야,
애탕개탕 살아봐야
인생 참 별거 없더라
단양이라 어상천은
산 높고 물 좋은 곳이어라.

늙은 호박

웬 노인네 궁둥이가
이리 풍만할까
살집 도톰하고 펑퍼짐하니
손 크고 인심깨나 후했겠다

젊어서 다복하게
자식 많이 낳고
남편 사랑 듬뿍 받으며
알콩달콩 살았지

늙어 좀 편할까 싶던 즈음
서방님 일찍 가셨다
자식들 장성해 아무리
효도한다 설레발 떨어도
서방님 앉은 자리만 못 하고

늙고 외로우니
서방님 생각 더 간절해
오늘도 혼자
텃밭 구석에 숨어
조용히 흐느낀다.

老獨노독과 詩시

어차피
인간은 외로운 존재

나이 들어
외롭지 않다면 이상한 사람

외로움은 무서움으로
무서움은 죽음으로 끝장나겠지

외로울 때
詩시는 좋은 친구

쏟아낸 허전한 마음
다독여 주는 반려자

初老초로에 만난
내 또 하나의 반쪽.

을지로 ‘만선호프’ 광장에서

젊음이 넘쳐나는
이 거리에도
외로운 이들 있다

세월의 파도에 밀려난
아직은 눈 맑은 애늙은이들
젊은이들 사이에 끼여
파랗던 그 시절 되뇌며
밍밍한 맥주잔 기울인다

젊음의 열기 속에
그 시절 언뜻 떠올리며
한숨 짓는 사람들아
너무 서러워 마라
여기 젊음의 광풍도 한때이거늘
이 거리에 찬 바람 불면
언제 그랬냐는 듯
썰물같이 이 젊음도 쓸려간단다

우리 갈 곳은 여기가 아니다
저기 뒷골목 음침한 소줏집 골방
묵은 인생의 고뇌를 담은
쓴 소주 한 잔에 옛날을 곱씹어볼
컴컴한 그곳으로 가자.

오후 네 시 시골기차는 떠나고

노란 달맞이꽃 몇 송이 熱風열풍에 출렁이고
파란 억새 더미 너울거리는
뙤약볕 내리쬐는 시골 간이역 앞

기다리는 사람 아무도 없고
반가이 맞아줄 사람도 없는
낯선 타관 한여름 시골 역 앞
길가 가로수 그늘에 멍하니 홀로 서 있다

길 건너 가로수 잎 더위에 지쳐 숨 차는데
멀리 시골 동네 꼬마들 소리만
기적 소리 같이 가물가물 들린다

오후 네 시 산골 간이역 기차는
뜨거운 한숨만 내려놓은 채 소리 없이 떠나고
철 이른 코스모스 몇 송이만 덩그러니 남아
외로운 나그네를 맞아준다.

칠십이 되니

칠십이 되니 알겠다
사랑하면서 살라는 말을
늙은이가 서러워하는 이유를

칠십이 되니 확실히 알겠다
시간이 금이라는 말을

이제는 다 놓아야지
허망한 것들을
그리고 탐구해야지
삶이 진짜 무엇인지를

실타래 같은 인연으로
한 점 生생을 끌고 칠십 년
지겨운 노래는 이제 끝내자
마디마디 아픈 허무의 외침을
순간순간 吟味음미하면서.

소나무

험한 산비탈에 거처를 잡고
온갖 풍상 다 겪어 내니
피부는 거북등처럼 갈라지고
잎사귀는 바늘처럼 뾰족해졌다

내공으로 쌓인 송진향
우리 할배 오래된 담뱃대 속
냄새마냥 구수하다
품성은 우직한 소를 닮아
이름마저 '소' 나무라

메마른 산비탈
비바람 맞고 반백 년
가끔씩 따뜻한 햇살 위로받으며
나라의 棟梁동량으로 컸네

멋지게 치장하고도 싶으련만
한결같이 푸른 모습으로
수수하게만 살겠다고 고집한다
그 수수함만으로.

속절없는 세월

꽃 피는가 했더니
낙엽 지는 소리라던가

오랜만에 만난 친구
완전 할배 다 되었다
나는 아직 저 정도는 아니라
속으로 생각하면서
인사를 나눈다

모르는 동네 아낙한테
할배 소리 듣는 게
거슬리지 않게 되는데
한 십 년 걸렸다

금년 다르고 내년 다르다는 어른들 얘기
백번 맞다고 생각 들 때
속절없는 세월이 야속하더라.

강물 따라서

버드나무 숲 따라 구불구불
소리 없이 강은 흐른다
물오리 몇 마리 태우고
반짝이며 흘러간다
보리밭 밀밭 목 축여 주며
자기는 별로 하는 일 없다는 듯
무심히 바다를 향한다

太古태고적 아픔은 아는 체도 아니하고
오늘도 열심히 흘러간다
누가 애타게 손짓하며 오라는 듯이
온갖 더러운 것 다 받아주며
싫단 소리 없이 아래로 아래로만 간다
이런 겸손은 어느 별에게서 배웠는지

저녁 落照낙조가 드리운다
강물은 더욱 차분해진다
온갖 풍파 다 겪은 老翁노옹처럼
포근하고 무심한 눈빛으로 침잠해진다
그러다 이내 캄캄한 어둠 속으로
흔적도 없이 사라져 버린다.

老夫婦노부부의 아픈 사랑

젊어 쌓은 좋은 인연
팔순이 지나도 애틋하다
병상에 누웠어도
젊던 그대 모습 아련히 떠올라
더듬더듬 그대 모습 그리네

언제 이별이 찾아올지 몰라도
그날까지 서로 그리움 놓지 말자
아프면 아픈 대로 사랑해보리라
하나가 아프면 나머지 하나도 성치 않으리
자나 깨나 늙은 그대 걱정이라

어느 따뜻한 봄날
영원한 이별이 찾아올 테지만
그때까지 사랑을 꼭꼭 반추하려네
그대가 먼저 떠나고 나면
이 몸도 떠날 준비 하리니
그대 떠나기 전
내 마음 실컷 보여주고 싶어.

붉은 동백

죽어도 못 잊을
그 님의 포근한 정

이제 떠나야 하는 신세
말도 못 하고 우네
멀리 가야만 한다고

눈물겹던 뜨거운 사랑
이 겨울 가기도 전
허망하게 끝나려 하네

죽어 저승 가더라도
그 님의 사랑
가슴에 꼭꼭 담으리

피눈물 떨어져
방울방울 붉게 피었네.

待春대춘

얼어붙은 대지에
사락눈발 휘몰아친다
하늘은 잿빛
나무들은 깊은 시름에 잠겨
겨울나기 걱정이다

새들 하나둘 숨어들고
움직이는 것 없다
머지않아 눈 쌓이고 모진 바람
몰아치면 죽음의 휴식기

그래도 영악한 세월은 가고
얼음장 밑 깨알만 한 생명의 씨들
대지의 溫氣온기로 조용히 숨 쉬고 있다

春三月춘삼월 아직 한참 멀었는데
벌써 노란 복수초 새순이 그립기만 하다.

우리 오마니 푸념

원망도 많고
恨한도 많고
눈물도 많고
젊어 징그러운 시집살이
큰 강 건넜다

하도 잘난 남편 만나
사랑이란 것도 제대로 모르고
자식들 키운다고
뼈 빠지게 고생했는데
제대로 효도하는 놈 없고

시원하게 웃어본 게
언젠지 모르겠다
내 팔자 사나워서
그런 걸 어쩔거나

힘든 몸 겨우 움직여
애탕개탕 살다 보니
어느새 九旬구순이라
그래도 큰 병 없이 장수하니
그나마 다행인가.

행복한 꽃

산골
길섶 바위 아래
다소곳이 핀
연보랏빛 오랑캐꽃

누가 보든 말든
제 할 일 하고 나서
깔끔히 단장하고
건넛산 바라본다

남 미워할 일 없고
남 부러워할 줄 모르니
언제나 단아하다

행여 지나는 길손
어여삐 쳐다봐 주면 그뿐

미소 띤 얼굴로
오가는 새들과
눈인사하며 산다.

어느 父子有親부자유친

두메산골에
어미 없이 장성한 아들과
늙은 홀아비가 산다

얘야, 인생은 엉킨 실타래 같은 거란다
하나씩 풀어 가며 사는 거야
인생이 다 맘대로 되는 게 아니더라

두런두런 얘기하다
오늘도 농사일에 파김치 되어
부자는 하루를 눕힌다

자식은 이제 컸다고 제 외로움
다 접어두고
서글픈 아비 가슴 먼저 헤아려
아비를 위로한다

따뜻하게 쳐다보는
아비의 눈빛,
다 큰 자식 안아 주지 못하고
그저 눈으로 쓰다듬는다

눈에서
아비의 눈물이 나오기도 전에
증발해 버린다
그 따스함으로.

촌집 마루

촌집 마루 모서리
할머니 냄새 난다
반질반질 윤기 나던
암갈색 마루 장 사이사이
숨은 얘기 아스라이 들린다

아버지 된 일 하고 지쳐
막걸리 한 주전자에 곯아떨어지고
어머니 한 맺힌 책 한 권 사설
쌓여가던 그 자리

뙤약볕 여름 애호박 칼국수
오이채 잔뜩 넣은 오이냉국
가을 맛 진한 김장 김치
한 솥 삶은 누런 고구마
온 가족이 포식하던 그 자리

마루는 닳고 퇴색하여 너덜너덜
할머니 가신 지 오래
아릿한 그 시절, 옛날이다.

미황사 解憂所해우소

온갖 욕심 게걸스레 삼켜
수십 년 뒤엉킨 속
어서 와 앉아 후련하게 쏟아내소

당신들 그것 받아 삭히고 삭혀
고약한 냄새는 겹겹이 쌓여온
내 苦惱고뇌로 삼고
지저분한 찌꺼기는 무거운 내 육신의
業障업장으로 삼아
맑은 물 나올 때까지
수천만 번이라도 으깨고 또 으깨리라

까마득히 먼 훗날 그 물 淸淨水청정수 되어 나오면
나 덩실덩실 춤추며 뒷산에 올라
산봉우리 누워 계신 부처님 前전 무릎 꿇고
기꺼이 그 물 마시며
解脫해탈을 목청껏 노래하리라.

가을 나비

나비 한 마리
앉을 꽃도 없는데
힘없이 날아오른다

한여름 好時節호시절
사랑 찾아 애타는데
눈치 없이 가을이
빨리 왔나 보다

저기 언덕 한 귀퉁이
철 늦은 한 송이 민들레
애처로운 눈짓에
잠시 앉아 날개를 쉰다

어느새 둘이는 서로 눈이 맞아
헤어질 줄 모른다
偶然우연이 運命운명이 될 줄이야.

제5부

바람 따라서

바람 속에

바람 속에 그리운 사람 목소리 들린다

바람 속에 슬픈 노랫소리 들린다

바람 속에 여인의 한숨 소리 들린다

바람이 소리 내어 운다

미련 없이 사랑하라고

바람이 웃으며 말한다

사는 게 다 그런 거라고

바람이 조용히 당부한다

그냥저냥 한세상 살다 가라고.

無常무상

하늘
땅
바다
구름
바람

예쁜 꽃
푸른 녹음
낙엽
하얀 눈

파란 꿈
사랑
滔滔도도한 세월
험한 세상
인간의 눈물

黃昏황혼
고독한 悔恨회한
죽음.

끝없는 길

저 산 나뭇잎 다 세어 보라면
저 연못 물고기 다 세어 보라면
인생의 고뇌 다 세어 보라면

그저 살아간다
작은 일에 즐거워하며

저 바닷물 무게 재보라면
저 하늘 속 깊이 재보라면
가슴속 한 다 꺼내 보라면

터벅터벅 걸어간다
눈 시원한 西風서풍을 그리며.

이제는

아침나절 이슬 맞은 들풀이 정겹고
한 두름 소나기 흙바람에
황토 내음 진동하던,
감꽃 떨어져 하얗고
매미 소리 한가롭던,
내 어린 몸 키우던
거기

구렁목, 황톳길, 보리밭, 성묘산
탑골, 새터, 재뜰, 방죽안, 솔티재
서쪽골, 구터, 능주울, 탑번지

아련한 아버지 고함소리
그리고,
슬픈 어머니

떠나 온 육십 년
그렇게 찾아 헤매던
허망한 것들은 다 어디 있는고

인생,
바람 부는 언덕에
홀로 부대끼는 들풀이어라
가야지, 가야지 더 늦기 전에
이제는.

외로움

너는 늘 그렇게 다가와
내 옆에 조용히 앉는다

가끔 내 볼을 만지며
아주 친한 척 수작을 건다

나이 먹으니
네 건방진 농담이
자꾸 귀에 거슬리고
그 시답잖은 장난이 귀찮다

넌 니가 좋아 아무 때나 제 맘대로
찾아와 시비를 건다지만
그걸 받아주는 난 지쳤다, 이제는.

늙은 아내

하늘하늘
코스모스 같이
늘씬하고 곱던 그녀
수줍어할 때 만났네

처음엔
서로 인연인 줄 모르고 덤덤해 했지
광화문 골목길 조용한 다방에서
그녀와 인생을 약속했네

곱던 그녀도
세월의 강을 건너
흰 머리가 어색치 않은 할매 되어
손녀 어르는 게 참 보기 좋다

더는 늙지 말고
이쯤에서 멈추시오
더 늙어버리면
옛날 여리고 곱던 모습
떠 올리기 어려워져
서글프다오.

대나무

너는 곧게만 사는 族屬족속
옆으로 타협할 줄 모르고
오로지 위로만 위로만 前進전진이다

세상만사 허망한 것 일찌감치 알아
진작 마음 비웠다
추위 더위 같은 것 무서워할 줄 모르고
오직 푸르름만 두려워

남들 다 색깔 변하고 구부러져도
본래 먹은 마음 하늘에 사무쳤으니
곧은 근성, 푸른 마음 어쩔 수 없지

오늘도 푸른 대숲에 바람이 인다
행여 쌓인 욕심 털어내려고
파도처럼 출렁인다.

대흥사 初入초입

동백나무 숲 사이로 눈 부신 햇살
煙霧연무 같이 흐르는 냉기
산새들 조용히 숨죽여
천 년 전 禪師선사들 살 내음 묻어나온다

도드람한 산등성이들
조용히 내려앉아 포근히 안겨 있고
골바람 소소히 부니
산 위에 누워계신 바위부처
금방이라도 일어나 앉아
默想묵상하려 하시네

울울한 숲 가에 은은한 독경 소리 귓속에 차고
般若橋반야교 아래 시냇물 천연스레 흐른다

숲속 바위에 걸터앉아
큰 숨 한번 내뱉으니 머릿속 아련한데
저기쯤 바람결에 묻어오는 佛香불향.

아침저녁 찬 바람 불면

더위 가시고
아침 서늘해지면
저 먼 나라가 떠오른다

사람들 예절 바르고 아가씨들 명랑한
거기는 언제나 한적하고 햇살도 부드럽다
이름 모를 꽃들 흐드러지게 피어 있고
아이들 웃음소리 해맑은

더위 가라앉고
저녁 선선해지면
저 멀리 떨어진 꿈같은 나라가 그리워진다

사람이 사람을 그리워하고
만나면 반가워 어쩔 줄 모르는
어여쁜 사람들이 넘쳐나는 곳
길가에 들 양귀비 하늘거리고
누렇게 익은 밀밭이 물결치는 데

계절 바뀌어 선선한 바람 불면
저 조용하고 예쁜 나라에 가고 싶다
가서,
복잡한 가슴 풀어 놓고
어여쁜 사람들과 껴안고 살고 싶다.

남도에 내리는 비

배롱나무 가로수 길 돌아
바다가 보이는 해변 도로
안개 뿌옇고 보슬비 내린다

바다는 시커먼 속살 드러낸 채 누워 있다
두꺼운 솜이불 같은 바닷물 걷어차고
답답한 가슴 풀어헤치며
오랜만에 시원한 심호흡을 한다

바람에 흔들거리는 해변 갈대숲
을씨년스럽게 비에 젖고
한 무더기 작은 새 떼 갈대 사이로 숨어든다

남도에 비 내리면
비 맞고 나뭇가지에
홀로 앉아 있는 들새를 보며
혼자 축축한 술 한잔하고 싶다.

冬春동춘

겨울이 가다가 주춤거린다
오는 봄 셈나 가기 싫은가 보다

남녘 꽃망울 소식 들려오고
햇살은 부지런히 언 땅마저 녹인다

겨울에서 봄 사이,
생명 움트는 時節시절
땅 밑에서 스멀스멀
올라오는 봄

억눌렸던 옷 무게에서
해방될 날 그리며
아지랑이 벌 나비 희롱하는
春四月춘사월 꿈꾼다.

세월이 가면

세월이 가면
지금의 숨 막히는 서러움도
숨길 수 없는 즐거움도
남의 일 되어 있겠지요

훌쩍 수십 년 가면
내 님 얼굴마저 딴 사람 되어
잘 모르는 다른 여인처럼
서먹할 테지요

이 괴로움 이 슬픔도
지금이라서 괴롭고 슬프겠지요
먼 훗날 세월 한참 간 뒤
우스운 옛날이야기 한 토막 되어있겠지요

세월이 가면
허허 웃을 날 있겠지요
지금의 내 얘기가
하도 남의 얘기 같아서.

因緣인연

어린 손녀가 웃는다
나도 웃는다
온 세상이 웃는다

뒤뚱거리며 내 품에 안긴다
나는 온 세상을 안는다

어린 손녀가 아파서 운다
나도 아프다
모두가 온통 회색빛이다

다음날 웃으며 내 품에 안긴다
또 예쁘다

억겁의 끈으로 얽혀진
이 오묘한 共鳴공명,
과학이 범접 못 할
이 진한 끌림.

色卽是空색즉시공

뭐 큰 것이나 얻어먹을 줄 알고
한평생 그렇게 설쳤더냐
뭐 대단한 것이나 있을 줄 알고
그리 험한 길 헤매어 왔더냐

내 그랬잖나
저 산꼭대기 죽자 살자 기를 쓰고 올라가 봐야
그저 虛虛허허로운 바람만 불 뿐이라고

五色오색 무지개에 속지 말아야 하는 것을
잡으러 잡으러 반백 년 헤매어 봐도
잡히는 건 빈손에 虛空허공 뿐

내 그랬잖나
아무리 좇아 가 봐도
그것 못 잡는다고
잡아봐야 헛것이라고.

혼자 가는 길

외롭지 않은 양
아무리 떠들어도
네 얼굴에 쓰여 있다

울고 웃고 소리쳐 봐도
근본 벗어날 수 없고
그것은 숙명이다

胎生태생이 그러하니
남 원망할 일도 아니요
조용히 운명이라 감당하면 될 일

다른 인간들도
거기서 거기
아닌 양, 설레발 떨고 살지만
결국 돌아서면 혼자인 것을.

오! 해병

그렇게도 징그럽던 네가
왜 이리도 끈질기게 그립더냐
내 파란 젊음의 엑기스를 가져간 너
아직도 살 떨림으로 다가와
나의 심장을 고동치게 한다

이성과 합리를 거부하고
의리와 정열을 불태워
정의와 사랑을 갈구하나니

험한 산도, 거친 파도도,
세상 어느 꼴통도 두렵지 않아
사랑만 빼고…

어쭙잖은 백 마디 말 바람에 날리고
몽둥이로 말해 온 너
너를 생각하면 다시 뛰기 시작하는 심장
괜히 눈시울이 뜨거워

검푸른 녹음 속 피어난 붉은 장미
불바다 속 검푸른 녹색 섬 같은 너
피와 땀만이 이해할 수 있나니
너는 영원한 海兵해병이어라.

바람 부는 언덕에

바람 부는 언덕에 서면
푸릇한 꿈이 영글던
어릴 적 고향이 그리워지고
할 말 다 못 하고 헤어진
그녀가 그리워진다

바람 부는 언덕에 서면
더러운 것들이 일순 씻기운 듯
몸이 깃털처럼 가벼워진다

언덕을 내려가다
언뜻 뒤돌아보면
지나온 人生史인생사에
홀연 서글퍼진다

무얼 그리 허겁지겁 찾아 헤매어 왔는지
그 허접한 것들 다 화롯가의 눈송이요,
강물 속의 흙송아지였는데.

버선 짝 신세

비단 버선 아무리 고와도
한 짝 잃으면
無用之物무용지물

젊어서부터 금슬 좋은 부부
팔십 노인 되어
하나가 먼저 갈까 걱정이다

아픈 마누라 애지중지
보살펴 보지만
슬픔은 막을 길 없고
이별이 코앞에 보이네

나 혼자 남으면
짝 잃은 버선
있으나 마나 한 가련한 신세

인생 어차피 혼자라지만
육십여 년 쌓은 情정, 山산 같이 무거운데
짝 잃을 버선 짝 신세여.

겨울의 江강을 건너

두꺼운 얼음장 조심스레 건너
저 언덕 위로 어서 올라가자
아래는 시퍼런 강물 무섭게 흐르고
강바람 살을 에일 듯 매섭지만

저 강 건너 고개 하나 넘으면
모락모락 연기 올리는 작은 초가집
따끈한 아랫목 옹기종기 모여 앉은
보고자운 사람들

어서 가자,
차디찬 눈보라 휘몰아치는
허허벌판 빨리 지나서
보글보글 된장찌개 군침 돌게 하는
따스한 고향 집으로.

同伴동반

가자,
오랑캐꽃 예쁘게 피고
휘파람새 알 품는
그 푸른 초원으로

각시야,
이제 당신도 늙고 나도 늙어
오라는 사람 없어도
한번 가보자, 까마득히 잊혀진
옛날 그 푸른 초원으로

당신과 나는
남남으로 만나
살 부비고 산 지 사십 년

같이 가보자,
힘들었던 젊은 날
그 푸른 초원 그늘진 데
그 시절 우리 아팠던 흔적을 찾아서.

끊임없이

바람 분다고 세월 멈추나
비 온다고 세월 더디 가나
어린 사람들 부쩍부쩍 커가고
늙은이들 자꾸자꾸 늙어간다

얼음덩이 아래 묻힌 꽃씨
내년 봄을 준비하고
엄마 뱃속 어린 생명
세상 밖 나갈 날만 손꼽는다

끊임없는 계절은
다음 계절을 그리워하고
봄꽃은 가을 열매를 꿈꾼다

그래서 어쩌자는 것이냐
몰인정한 세월이여, 안타까운 인생이여
그냥 웃을 수밖에.

문학세계대표작가선 944

무당벌레 꽃잎에 오르다

심우정 시집

인쇄 1판 1쇄　2021년 3월 23일
발행 1판 1쇄　2021년 3월 30일

지 은 이 : 심우정
펴 낸 이 : 김천우
펴 낸 곳 : 도서출판 천우
등　　록 : 1992. 2. 15. 제1-1307호
주　　소 : 서울시 성동구 무학봉28길 6 금용빌딩 2F
전　　화 : 02)2298-7661
팩　　스 : 02)2298-7665
http://moonhak.wla.or.kr
E-mail : chunwo@hanmail.net

값 10,000원

ISBN 978-89-7954-840-2